Gesetz über technische Assistenten in der Medizin (MTA-Gesetz - MTAG)

Outlook

Gesetz über technische Assistenten in der Medizin (MTA-Gesetz - MTAG)

1. Auflage | ISBN: 978-3-73260-870-6

Erscheinungsort: Paderborn, Deutschland

Outlook Verlag GmbH, Paderborn.

Text des Gesetz über technische Assistenten in der Medizin (MTA-Gesetz - MTAG).

Gesetz über technische Assistenten in der Medizin (MTA-Gesetz - MTAG)

MTAG

Ausfertigungsdatum: 02.08.1993

Vollzitat:

"MTA-Gesetz vom 2. August 1993 (BGBl. I S. 1402), das zuletzt durch Artikel 41 des Gesetzes vom 6. Dezember 2011 (BGBl. I S. 2515) geändert worden ist"

Stand: Zuletzt geändert durch Art. 41 G v. 6.12.2011 I 2515

Eingangsformel

Der Bundestag hat mit Zustimmung des Bundesrates das folgende Gesetz beschlossen:

Erster Abschnitt
Erlaubnis

§ 1

(1) Wer eine der Berufsbezeichnungen
1. "Medizinisch-technische Laboratoriumsassistentin" oder "Medizinisch-technischer Laboratoriumsassistent",
2. "Medizinisch-technische Radiologieassistentin" oder "Medizinisch-technischer Radiologieassistent",
3. "Medizinisch-technische Assistentin für Funktionsdiagnostik" oder "Medizinisch-technischer Assistent für Funktionsdiagnostik" oder
4. "Veterinärmedizinisch-technische Assistentin" oder "Veterinärmedizinisch-technischer Assistent"
(technische Assistenten in der Medizin) führen will, bedarf der Erlaubnis.
(2) Medizinisch-technische Laboratoriumsassistentinnen und Medizinisch-technische Laboratoriumsassistenten, Medizinisch-technische Radiologieassistentinnen und Medizinisch-technische Radiologieassistenten, Medizinisch-technische Assistentinnen für Funktionsdiagnostik und Medizinisch-technische Assistenten für Funktionsdiagnostik sowie Veterinärmedizinisch-technische Assistentinnen und Veterinärmedizinisch-technische Assistenten, die Staatsangehörige eines Vertragsstaates des Europäischen Wirtschaftsraumes sind, führen eine der Berufsbezeichnungen nach Absatz 1 im Geltungsbereich dieses Gesetzes

ohne Erlaubnis, sofern sie ihre Berufstätigkeit als vorübergehende und gelegentliche Dienstleistung im Sinne des Artikels 50 des EG-Vertrages im Geltungsbereich dieses Gesetzes ausüben. Sie unterliegen jedoch der Meldepflicht und Nachprüfung nach diesem Gesetz. Gleiches gilt für Drittstaaten und Drittstaatsangehörige, soweit sich hinsichtlich der Anerkennung von Ausbildungsnachweisen nach dem Recht der Europäischen Gemeinschaften eine Gleichstellung ergibt.

§ 2

(1) Die Erlaubnis nach § 1 ist auf Antrag zu erteilen, wenn der Antragsteller
1. die vorgeschriebene Ausbildung abgeleistet und die staatliche Prüfung bestanden hat (§ 4),
2. sich nicht eines Verhaltens schuldig gemacht hat, aus dem sich die Unzuverlässigkeit zur Ausübung des Berufs ergibt,
3. nicht in gesundheitlicher Hinsicht zur Ausübung des Berufs ungeeignet ist und
4. über die für die Ausübung der Berufstätigkeit erforderlichen Kenntnisse der deutschen Sprache verfügt.
(2) Eine außerhalb des Geltungsbereichs dieses Gesetzes erworbene abgeschlossene Ausbildung erfüllt die Voraussetzungen des Absatzes 1 Nr. 1, wenn die Gleichwertigkeit des Ausbildungsstandes gegeben ist. In die Prüfung der Gleichwertigkeit des Ausbildungsstandes sind die in anderen Staaten absolvierten Ausbildungsgänge oder die in anderen Staaten erworbene Berufserfahrung einzubeziehen. Die Gleichwertigkeit des Ausbildungsstandes im Sinne des Satzes 1 wird anerkannt, wenn
1. die Antragsteller einen Ausbildungsnachweis vorlegen, aus dem sich ergibt, dass sie bereits in einem anderen Vertragsstaat des Europäischen Wirtschaftsraumes als Medizinisch-technische Laboratoriumsassistentin oder Medizinisch-technischer Laboratoriumsassistent, Medizinisch-technische Radiologieassistentin oder Medizinisch-technischer Radiologieassistent, Medizinisch-technische Assistentin für Funktionsdiagnostik oder Medizinisch-technischer Assistent für Funktionsdiagnostik oder als Veterinärmedizinisch-technische Assistentin oder Veterinärmedizinisch-technischer Assistent anerkannt wurden,
2. sie über eine dreijährige Berufserfahrung in der medizinisch-technischen Laboratoriumsdiagnostik, medizinisch-technischen Radiologieassistenz, medizinisch-technischen Funktionsdiagnostik oder veterinärmedizinisch-technischen Assistenz im Hoheitsgebiet des Mitgliedstaats, der den Ausbildungsnachweis anerkannt hat, verfügen und
3. der Mitgliedstaat, der die Ausbildung anerkannt hat, diese Berufserfahrung bescheinigt oder wenn die Ausbildung der Antragsteller keine wesentlichen Unterschiede gegenüber der in diesem Gesetz und in der Ausbildungs- und Prüfungsverordnung für technische Assistenten in der Medizin geregelten Ausbildung aufweist.
Absatz 3 Satz 5 Nummer 1 bis 4 gilt entsprechend. Ist die Gleichwertigkeit des Ausbildungsstandes nach den Sätzen 1 bis 3 nicht gegeben oder ist eine Prüfung der Gleichwertigkeit des Ausbildungsstandes nur mit unangemessenem zeitlichen oder sachlichen Aufwand möglich, weil die erforderlichen Unterlagen und Nachweise aus Gründen, die nicht in der Person der Antragsteller liegen, von diesen nicht vorgelegt werden können, ist ein gleichwertiger Kenntnisstand nachzuweisen. Dieser Nachweis wird durch eine Kenntnisprüfung, die sich auf den Inhalt der staatlichen Abschlussprüfung erstreckt, oder einen höchstens dreijährigen Anpassungslehrgang erbracht, der mit einer Prüfung über den Inhalt des Anpassungslehrgangs abschließt. Die Antragsteller haben das Recht, zwischen der Kenntnisprüfung und dem Anpassungslehrgang zu wählen.
(3) Für Antragsteller, die eine Erlaubnis nach § 1 Abs. 1 Nr. 1, 2, 3 oder Nr. 4 anstreben, gilt die Voraussetzung des Absatzes 1 Nr. 1 als erfüllt, wenn aus einem in einem anderen Vertragsstaat des Europäischen Wirtschaftsraumes erworbenen Diplom hervorgeht, dass der

Inhaber eine Ausbildung erworben hat, die in diesem Staat für den unmittelbaren Zugang zu einem dem Beruf des Medizinisch-technischen Laboratoriumsassistenten, Medizinisch-technischen Radiologieassistenten, Medizinisch-technischen Assistenten für Funktionsdiagnostik oder Veterinärmedizinisch-technischen Assistenten entsprechenden Beruf erforderlich ist. Diplome im Sinne dieses Gesetzes sind Ausbildungsnachweise gemäß Artikel 3 Abs. 1 Buchstabe c der Richtlinie 2005/36/EG des Europäischen Parlaments und des Rates vom 7. September 2005 über die Anerkennung von Berufsqualifikationen (ABl. EU Nr. L 255 S. 22, 2007 Nr. L 271 S. 18) in der jeweils geltenden Fassung, die dem in Artikel 11 Buchstabe c oder Buchstabe d der Richtlinie genannten Niveau entsprechen. Satz 2 gilt auch für einen Ausbildungsnachweis oder eine Gesamtheit von Ausbildungsnachweisen, die von einer zuständigen Behörde in einem Mitgliedstaat ausgestellt wurden, sofern sie eine in der Gemeinschaft erworbene abgeschlossene Ausbildung bescheinigen, von diesem Mitgliedstaat als gleichwertig anerkannt wurden und in Bezug auf die Aufnahme oder Ausübung des Berufs des Medizinisch-technischen Laboratoriumsassistenten, Medizinisch-technischen Radiologieassistenten, Medizinisch-technischen Assistenten für Funktionsdiagnostik oder Veterinärmedizinisch-technischen Assistenten dieselben Rechte verleihen oder auf die Ausübung des Berufs des Medizinisch-technischen Laboratoriumsassistenten, Medizinisch-technischen Radiologieassistenten, Medizinisch-technischen Assistenten für Funktionsdiagnostik oder Veterinärmedizinisch-technischen Assistenten vorbereiten. Satz 2 gilt ferner für Berufsqualifikationen, die zwar nicht den Erfordernissen der Rechts- oder Verwaltungsvorschriften des Herkunftsmitgliedstaats für die Aufnahme oder Ausübung des Berufs des Medizinisch-technischen Laboratoriumsassistenten, Medizinisch-technischen Radiologieassistenten, Medizinisch-technischen Assistenten für Funktionsdiagnostik oder Veterinärmedizinisch-technischen Assistenten entsprechen, ihrem Inhaber jedoch nach dem Recht des Herkunftsmitgliedstaats erworbene Rechte nach den dort maßgeblichen Vorschriften verleihen. Antragsteller mit einem Ausbildungsnachweis aus einem Vertragsstaat des Europäischen Wirtschaftsraumes haben einen höchstens dreijährigen Anpassungslehrgang zu absolvieren oder eine Eignungsprüfung abzulegen, wenn
1. ihre nachgewiesene Ausbildungsdauer mindestens ein Jahr unter der in diesem Gesetz geregelten Ausbildungsdauer liegt,
2. ihre Ausbildung sich auf Fächer bezieht, die sich wesentlich von denen unterscheiden, die durch die Ausbildung nach diesem Gesetz und der Ausbildungs- und Prüfungsverordnung für technische Assistenten in der Medizin vorgeschrieben sind,
3. der Beruf des Medizinisch-technischen Laboratoriumsassistenten, Medizinisch-technischen Radiologieassistenten, Medizinisch-technischen Assistenten für Funktionsdiagnostik oder Veterinärmedizinisch-technischen Assistenten eine oder mehrere reglementierte Tätigkeiten umfasst, die im Herkunftsmitgliedstaat des Antragstellers nicht Bestandteil des dem Medizinisch-technischen Laboratoriumsassistenten, Medizinisch-technischen Radiologieassistenten, Medizinisch-technischen Assistenten für Funktionsdiagnostik oder Veterinärmedizinisch-technischen Assistenten entsprechenden Berufs sind, und wenn dieser Unterschied in einer besonderen Ausbildung besteht, die nach diesem Gesetz und der Ausbildungs- und Prüfungsverordnung für technische Assistenten in der Medizin gefordert wird und sich auf Fächer bezieht, die sich wesentlich von denen unterscheiden, die von dem Ausbildungsnachweis abgedeckt werden, den der Antragsteller vorlegt, oder
4. ihr Ausbildungsnachweis lediglich eine Ausbildung auf dem in Artikel 11 Buchstabe b der Richtlinie genannten Niveau bescheinigt und
ihre nachgewiesene Berufserfahrung, unabhängig davon, in welchem Staat diese erworben wurde, nicht zum vollständigen oder teilweisen Ausgleich der unter den Nummern 1 bis 4 genannten Unterschiede geeignet ist. Die Antragsteller haben das Recht, zwischen dem Anpassungslehrgang und der Eignungsprüfung zu wählen.

(4) Die Absätze 2 bis 3 gelten entsprechend für Drittstaatdiplome, für deren Anerkennung sich nach dem Recht der Europäischen Gemeinschaften eine Gleichstellung ergibt.

(5) Das Berufsqualifikationsfeststellungsgesetz findet mit Ausnahme des § 17 keine Anwendung.

(6) Die Länder können vereinbaren, dass die Aufgaben nach den Absätzen 2 bis 4 von einem anderen Land oder einer gemeinsamen Einrichtung wahrgenommen werden.

(7) Die Bundesregierung überprüft die Regelungen zu den Anerkennungsverfahren nach diesem Gesetz und berichtet nach Ablauf von drei Jahren dem Deutschen Bundestag.

§ 2a

(1) Die zuständigen Behörden des Landes, in dem der Beruf des Medizinisch-technischen Laboratoriumsassistenten, Medizinisch-technischen Radiologieassistenten, Medizinisch-technischen Assistenten für Funktionsdiagnostik oder Veterinärmedizinisch-technischen Assistenten ausgeübt wird oder zuletzt ausgeübt worden ist, unterrichten die zuständigen Behörden des Herkunftsmitgliedstaats über das Vorliegen strafrechtlicher Sanktionen, über die Rücknahme, den Widerruf und die Anordnung des Ruhens der Erlaubnis, über die Untersagung der Ausübung der Tätigkeit und über Tatsachen, die eine dieser Sanktionen oder Maßnahmen rechtfertigen würden; dabei sind die Vorschriften zum Schutz personenbezogener Daten einzuhalten. Erhalten die zuständigen Behörden der Länder Auskünfte der zuständigen Behörden von Aufnahmemitgliedstaaten, die sich auf die Ausübung des Berufs des Medizinisch-technischen Laboratoriumsassistenten, Medizinisch-technischen Radiologieassistenten, Medizinisch-technischen Assistenten für Funktionsdiagnostik oder Veterinärmedizinisch-technischen Assistenten auswirken könnten, so prüfen sie die Richtigkeit der Sachverhalte, befinden über Art und Umfang der durchzuführenden Prüfungen und unterrichten den Aufnahmemitgliedstaat über die Konsequenzen, die aus den übermittelten Auskünften zu ziehen sind. Die Länder können zur Wahrnehmung der Aufgaben nach den Sätzen 1 und 2 gemeinsame Stellen bestimmen.

(2) Das Bundesministerium für Gesundheit benennt nach Mitteilung der Länder die Behörden und Stellen, die für die Ausstellung oder Entgegennahme der in der Richtlinie 2005/36/EG genannten Ausbildungsnachweise und sonstigen Unterlagen oder Informationen zuständig sind, sowie die Behörden und Stellen, die die Anträge annehmen und die Entscheidungen treffen können, die im Zusammenhang mit dieser Richtlinie stehen. Es unterrichtet unverzüglich die anderen Mitgliedstaaten und die Europäische Kommission.

(3) Die für die Entscheidungen nach diesem Gesetz zuständigen Behörden und Stellen übermitteln dem Bundesministerium für Gesundheit statistische Aufstellungen über die getroffenen Entscheidungen, die die Europäische Kommission für den nach Artikel 60 Abs. 1 der Richtlinie 2005/36/EG erforderlichen Bericht benötigt, zur Weiterleitung an die Kommission.

Zweiter Abschnitt
Ausbildung

§ 3

Die Ausbildung soll insbesondere dazu befähigen, bei Personen,

1. die eine Erlaubnis nach § 1 Nr. 1 anstreben, unter Anwendung geeigneter Verfahren labordiagnostische Untersuchungsgänge in der Klinischen Chemie, der Hämatologie, der Immunologie, der Mikrobiologie sowie Histologie und Zytologie durchzuführen,
2. die eine Erlaubnis nach § 1 Nr. 2 anstreben, unter Anwendung geeigneter Verfahren in der Radiologischen Diagnostik und anderen bildgebenden Verfahren die erforderlichen Untersuchungsgänge durchzuführen sowie bei der Erkennung und Behandlung von Krankheiten in der Strahlentherapie und Nuklearmedizin mitzuwirken,
3. die eine Erlaubnis nach § 1 Nr. 3 anstreben, unter Anwendung geeigneter Verfahren Untersuchungsgänge durchzuführen, die den Funktionszustand des zentralen, peripheren und vegetativen Nervensystems, der Sinnesorgane, der Muskulatur, des Herzens und der Blutgefäßdurchströmung sowie der Lungen darstellen,
4. die eine Erlaubnis nach § 1 Nr. 4 anstreben, unter Anwendung geeigneter Verfahren labordiagnostische Untersuchungsgänge in der Lebensmittelanalytik, der Lebensmitteltoxikologie, der Spermatologie sowie der in Nummer 1 genannten Gebiete durchzuführen (Ausbildungsziele).

§ 4

Die Ausbildung dauert drei Jahre und besteht aus theoretischem und praktischem Unterricht und einer praktischen Ausbildung. Sie wird durch staatlich anerkannte Schulen für technische Assistenten in der Medizin vermittelt. Schulen, die nicht an einem Krankenhaus eingerichtet sind, haben die praktische Ausbildung im Rahmen einer Regelung mit einem Krankenhaus oder anderen geeigneten medizinischen Einrichtungen sicherzustellen. Die Ausbildung schließt mit der staatlichen Prüfung ab.

§ 5

Voraussetzung für den Zugang zur Ausbildung ist
1. die gesundheitliche Eignung zur Ausübung des Berufs und
2. der Realschulabschluß oder eine gleichwertige Ausbildung oder eine andere abgeschlossene zehnjährige Schulbildung, die den Hauptschulabschluß erweitert, oder eine nach Hauptschulabschluß oder einem gleichwertigen Abschluß abgeschlossene Berufsausbildung von mindestens zweijähriger Dauer.

§ 6

(1) Auf die Dauer der Ausbildung werden angerechnet
1. Ferien,
2. Unterbrechungen durch Schwangerschaft, Krankheit oder aus anderen, vom Schüler nicht zu vertretenden Gründen bis zur Gesamtdauer von zwölf Wochen, bei verkürzter Ausbildung nach § 7 bis zu höchstens vier Wochen je Ausbildungsjahr.
Auf Antrag können auch darüber hinausgehende Fehlzeiten berücksichtigt werden, soweit eine besondere Härte vorliegt und das Ausbildungsziel durch die Anrechung nicht gefährdet wird.
(2) Absatz 1 gilt nicht für die Dauer der Ausbildung im Krankenhaus nach § 8 Abs. 3.

§ 7

(1) Die zuständige Behörde kann auf Antrag eine andere Ausbildung im Umfang ihrer Gleichwertigkeit auf die Dauer der Ausbildung anrechnen, wenn die Durchführung der Ausbildung und die Erreichung des Ausbildungsziels dadurch nicht gefährdet werden.

(2) Eine nach den Vorschriften dieses Gesetzes abgeschlossene oder begonnene, jedoch nicht abgeschlossene Ausbildung ist auf Antrag auf eine Ausbildung in einem anderen, in § 1 dieses Gesetzes genannten Ausbildungsgang anzurechnen, soweit die Ausbildungsinhalte gleichwertig sind und die Durchführung der Ausbildung sowie die Erreichung des Ausbildungsziels dadurch nicht gefährdet werden.

§ 8

(1) Das Bundesministerium für Gesundheit wird ermächtigt im Benehmen mit dem Bundesministerium für Bildung und Forschung durch Rechtsverordnung mit Zustimmung des Bundesrates in einer Ausbildungs- und Prüfungsverordnung für technische Assistenten in der Medizin die Mindestanforderungen an die Ausbildung, das Nähere über die staatliche Prüfung und die Urkunden für die Erlaubnisse nach § 1 zu regeln.

(2) In der Rechtsverordnung nach Absatz 1 ist für Inhaber von Ausbildungsnachweisen, die eine Erlaubnis nach § 2 Abs. 1 in Verbindung mit § 2 Abs. 3 oder 4 beantragen, zu regeln:

1. das Verfahren bei der Prüfung der Voraussetzungen des § 2 Abs. 1 Nr. 2 und 3, insbesondere die Vorlage der vom Antragsteller vorzulegenden Nachweise und die Ermittlung durch die zuständige Behörde entsprechend Artikel 50 Abs. 1 bis 3 in Verbindung mit Anhang VII der Richtlinie 2005/36 EG

2. die Pflicht von Ausbildungsnachweisinhabern, nach Maßgabe des Artikels 52 Abs. 1 der Richtlinie 2005/36/EG die Berufsbezeichnung des Aufnahmemitgliedstaats zu führen und deren etwaige Abkürzung zu verwenden,

3. die Fristen für die Erteilung der Erlaubnis,

4. das Verfahren über die Voraussetzungen zur Dienstleistungserbringung gemäß § 1 Abs. 2 in Verbindung mit § 10a dieses Gesetzes,

5. die Regelungen zu Durchführung und Inhalt der Anpassungsmaßnahmen nach § 2 Absatz 2 Satz 5.

(3) In der Rechtsverordnung ist für technische Assistenten in der Medizin nach § 1 Nr. 1 bis 3 ferner vorzusehen, daß die Schüler innerhalb der praktischen Ausbildung nach § 4 für die Dauer von sechs Wochen in Krankenhäusern mit den dort notwendigen Arbeitsabläufen vertraut gemacht und in solchen Verrichtungen und Fertigkeiten der Krankenpflege praktisch unterwiesen werden, die für die Berufstätigkeit von Bedeutung sind.

(4) Abweichungen von den in den Absätzen 1 bis 3 sowie der auf dieser Grundlage erlassenen Rechtsverordnung enthaltenen Regelungen des Verwaltungsverfahrens durch Landesrecht sind ausgeschlossen.

Dritter Abschnitt
Vorbehaltene Tätigkeiten

§ 9

(1) Auf dem Gebiet der Humanmedizin dürfen ausgeübt werden
1. die folgenden Tätigkeiten nur von Personen mit einer Erlaubnis nach § 1 Nr. 1:
    a) technische Aufarbeitung des histologischen und zytologischen Untersuchungsmaterials, technische Beurteilung der Präparate auf ihre Brauchbarkeit zur ärztlichen Diagnose,
    b) Durchführung von Untersuchungsgängen in der morphologischen Hämatologie, Immunhämatologie und Hämostaseologie einschließlich Ergebniserstellung, Qualitäts- und Plausibilitätskontrolle,
    c) Durchführung von Untersuchungsgängen in der Klinischen Chemie einschließlich Ergebniserstellung, Qualitäts- und Plausibilitätskontrolle,
    d) Durchführung von Untersuchungsgängen in der Mikrobiologie, Parasitologie und Immunologie einschließlich Ergebniserstellung, Qualitäts- und Plausibilitätskontrolle; ausgenommen von den unter den Buchstabe b bis d genannten Tätigkeiten sind einfache klinisch-chemische Analysen sowie einfache qualitative und semiquantitative Untersuchungen von Körperflüssigkeiten, Ausscheidungen und Blut,
2. die folgenden Tätigkeiten nur von Personen mit einer Erlaubnis nach § 1 Nr. 2:
    a) Durchführung der technischen Arbeiten und Beurteilung ihrer Qualität in der Radiologischen Diagnostik und anderen bildgebenden Verfahren einschließlich Qualitätssicherung,
    b) technische Mitwirkung in der Strahlentherapie bei der Erstellung des Bestrahlungsplanes und dessen Reproduktion am Patienten einschließlich Qualitätssicherung,
    c) technische Mitwirkung in der nuklearmedizinischen Diagnostik und Therapie einschließlich Qualitätssicherung,
    d) Durchführung meßtechnischer Aufgaben in der Dosimetrie und im Strahlenschutz in der Radiologischen Diagnostik, der Strahlentherapie und der Nuklearmedizin; die Röntgenverordnung vom 8. Januar 1987 (BGBl. I S. 114) bleibt unberührt,
3. die folgenden Tätigkeiten nur von Personen mit einer Erlaubnis nach § 1 Nr. 3:
    a) Durchführung von Untersuchungsgängen in der Funktionsdiagnostik des Nervensystems und der Sinnesorgane einschließlich Ergebniserstellung, Qualitäts- und Plausibilitätskontrolle,
    b) Durchführung von Untersuchungsgängen in der kardio-vaskulären Funktionsdiagnostik einschließlich Ergebniserstellung, Qualitäts- und Plausibilitätskontrolle,
    c) Durchführung von Untersuchungsgängen in der pulmologischen Funktionsdiagnostik einschließlich Ergebniserstellung, Qualitäts- und Plausibilitätskontrolle,
    d) technische Mitwirkung im Rahmen der chirurgischen und invasiven Funktionsdiagnostik; ausgenommen von den unter den Buchstaben a bis c genannten Tätigkeiten sind einfache vor- oder nachbereitende Tätigkeiten und einfache Funktionsprüfungen, wie das Elektrokardiogramm, die Ergometrie und die Spirometrie.
(2) Auf dem Gebiet der Veterinärmedizin dürfen die folgenden Tätigkeiten nur von Personen mit einer Erlaubnis nach § 1 Nr. 4 ausgeübt werden:
1. Tätigkeiten, die den in Absatz 1 Nr. 1 genannten entsprechen,
2. Durchführung von Untersuchungsgängen an Lebensmitteln tierischer Herkunft einschließlich Ergebniserstellung, Qualitäts- und Plausibilitätskontrolle,
3. Durchführung von Untersuchungsgängen in der Spermatologie einschließlich Ergebniserstellung, Qualitäts- und Plausibilitätskontrolle.

Ausgenommen von den unter den Nummern 1 bis 3 genannten Tätigkeiten sind einfache klinisch-chemische Analysen sowie einfache qualitative und semiquantitative Untersuchungen von Körperflüssigkeiten, Ausscheidungen und Blut.

(3) Tätigkeiten, deren Ergebnisse der Erkennung einer Krankheit und der Beurteilung ihres Verlaufs dienen, dürfen von den in § 1 genannten Personen nur auf ärztliche, zahnärztliche oder tierärztliche oder auf Anforderung einer Heilpraktikerin oder eines Heilpraktikers ausgeübt werden.

§ 10

§ 9 Abs. 1 und 2 findet keine Anwendung auf

1. Personen, die auf Grund einer abgeschlossenen Hochschulausbildung über die erforderlichen Fachkenntnisse, Fähigkeiten und Fertigkeiten zur Ausübung der genannten Tätigkeit verfügen, Zahnärztinnen und Zahnärzte, die die Approbation nach den §§ 8 bis 10 des Gesetzes über die Ausübung der Zahnheilkunde erhalten haben, sowie Heilpraktikerinnen und Heilpraktiker,

2. Personen, die sich in einer die erforderlichen Voraussetzungen vermittelnden beruflichen Ausbildung befinden, soweit sie Arbeiten ausführen, die ihnen im Rahmen ihrer Ausbildung übertragen sind,

3. Personen mit einer Erlaubnis nach § 1 Nr. 4, die eine vorbehaltene Tätigkeit auf einem der in § 9 Abs. 1 Nr. 1 genannten Gebiete ausüben, wenn sie nach dem Erwerb der Erlaubnis während eines Zeitraumes von sechs Monaten unter Aufsicht einer der in Nummer 1 oder § 1 Nr. 1 genannten Personen auf diesem Gebiet tätig gewesen sind,

4. Personen mit einer Erlaubnis nach § 1 Nr. 1, die eine vorbehaltene Tätigkeit auf einem der in § 9 Abs. 2 Nr. 2 oder Nr. 3 genannten Gebiete ausüben, wenn sie nach dem Erwerb der Erlaubnis während eines Zeitraumes von sechs Monaten unter Aufsicht einer der in Nummer 1 oder § 1 Nr. 4 genannten Personen auf diesem Gebiet tätig gewesen sind,

5. Personen mit einer staatlich geregelten, staatlich anerkannten oder staatlich überwachten abgeschlossenen Ausbildung, wenn sie eine der vorbehaltenen Tätigkeiten nach § 9 ausüben, sofern diese Tätigkeit Gegenstand ihrer Ausbildung und Prüfung war,

6. Personen mit einer abgeschlossenen sonstigen medizinischen Ausbildung, die ohne nach den Nummern 1 bis 5 berechtigt zu sein, unter Aufsicht und Verantwortung einer der in Nummer 1 genannten Personen tätig werden.

Dritter Abschnitt a
Erbringen von Dienstleistungen

§ 10a

(1) Staatsangehörige eines Vertragsstaates des Europäischen Wirtschaftsraumes, die zur Ausübung des Berufs des Medizinisch-technischen Laboratoriumsassistenten, Medizinisch-technischen Radiologieassistenten, Medizinisch-technischen Assistenten für Funktionsdiagnostik oder Veterinärmedizinisch-technischen Assistenten in einem anderen Vertragsstaat des Europäischen Wirtschaftsraumes auf Grund einer nach deutschen

Rechtsvorschriften abgeschlossenen Ausbildung oder auf Grund eines den Anforderungen des § 2 Abs. 3 entsprechenden Ausbildungsnachweises berechtigt sind und
1. die in einem Mitgliedstaat rechtmäßig niedergelassen sind oder,
2. wenn der Beruf des Medizinisch-technischen Laboratoriumsassistenten, Medizinisch-technischen Radiologieassistenten, Medizinisch-technischen Assistenten für Funktionsdiagnostik oder Veterinärmedizinisch-technischen Assistenten oder die Ausbildung zu diesen Berufen im Niederlassungsmitgliedstaat nicht reglementiert ist, einen dieser Berufe während der vorhergehenden zehn Jahre mindestens zwei Jahre im Niederlassungsmitgliedstaat rechtmäßig ausgeübt haben,
dürfen als Dienstleistungserbringer im Sinne des Artikels 50 des EG-Vertrages vorübergehend und gelegentlich ihren Beruf im Geltungsbereich dieses Gesetzes ausüben. Der vorübergehende und gelegentliche Charakter der Dienstleistungserbringung wird im Einzelfall beurteilt. In die Beurteilung sind die Dauer, Häufigkeit, regelmäßige Wiederkehr und Kontinuität der Dienstleistung einzubeziehen. Die Berechtigung nach Satz 1 besteht nicht, wenn die Voraussetzungen einer Rücknahme oder eines Widerrufs, die sich auf die Tatbestände nach § 2 Abs. 1 Nr. 2 oder Nr. 3 beziehen, vorliegen, eine entsprechende Maßnahme mangels deutscher Berufserlaubnis jedoch nicht erlassen werden kann. § 1 Abs. 2 Satz 3 gilt entsprechend.
(2) Wer im Sinne des Absatzes 1 Dienstleistungen erbringen will, hat dies der zuständigen Behörde vorher zu melden. Die Meldung hat schriftlich zu erfolgen. Sie ist einmal jährlich zu erneuern, wenn der Dienstleister beabsichtigt, während des betreffenden Jahres vorübergehend und gelegentlich Dienstleistungen im Geltungsbereich dieses Gesetzes zu erbringen.
(3) Bei der erstmaligen Meldung der Dienstleistungserbringung oder im Falle wesentlicher Änderungen gegenüber der in den bisher vorgelegten Dokumenten bescheinigten Situation hat der Dienstleistungserbringer folgende Bescheinigungen vorzulegen:
1. Staatsangehörigkeitsnachweis,
2. Berufsqualifikationsnachweis,
3. Bescheinigung über die rechtmäßige Niederlassung im Beruf des Medizinisch-technischen Laboratoriumsassistenten, Medizinisch-technischen Radiologieassistenten, Medizinisch-technischen Assistenten für Funktionsdiagnostik oder Veterinärmedizinisch-technischen Assistenten in einem anderen Mitgliedstaat, die sich auch darauf erstreckt, dass dem Dienstleister die Ausübung einer der genannten Tätigkeiten zum Zeitpunkt der Vorlage der Bescheinigung nicht, auch nicht vorübergehend, untersagt ist, oder im Falle des Absatzes 1 Satz 1 Nr. 2 ein Nachweis in beliebiger Form darüber, dass der Dienstleister eine den Berufen des Medizinisch-technischen Laboratoriumsassistenten, Medizinisch-technischen Radiologieassistenten, Medizinisch-technischen Assistenten für Funktionsdiagnostik oder Veterinärmedizinisch-technischen Assistenten entsprechende Tätigkeit während der vorhergehenden zehn Jahre mindestens zwei Jahre lang rechtmäßig ausgeübt hat.
Die für die Ausübung der Dienstleistung erforderlichen Kenntnisse der deutschen Sprache müssen vorliegen. Die zuständige Behörde prüft im Falle der erstmaligen Dienstleistungserbringung den Berufsqualifikationsnachweis gemäß Satz 1 Nr. 2 nach. § 2 Abs. 3 gilt entsprechend mit der Maßgabe, dass für wesentliche Unterschiede zwischen der beruflichen Qualifikation des Dienstleistungserbringers und der nach diesem Gesetz und der Ausbildungs- und Prüfungsverordnung für technische Assistenten in der Medizin geforderten Ausbildung Ausgleichsmaßnahmen nur gefordert werden dürfen, wenn die Unterschiede so groß sind, dass ohne den Nachweis der fehlenden Kenntnisse und Fähigkeiten die öffentliche Gesundheit gefährdet wäre. Der Ausgleich der fehlenden Kenntnisse und Fähigkeiten soll in Form einer Eignungsprüfung erfolgen.
(4) Staatsangehörigen eines Vertragsstaates des Europäischen Wirtschaftsraumes, die im Geltungsbereich dieses Gesetzes den Beruf des Medizinisch-technischen

Laboratoriumsassistenten, Medizinisch-technischen Radiologieassistenten, Medizinisch-technischen Assistenten für Funktionsdiagnostik oder Veterinärmedizinisch-technischen Assistenten auf Grund einer Erlaubnis nach § 1 Abs. 1 Nr. 1, 2, 3 oder Nr. 4 ausüben, sind auf Antrag für Zwecke der Dienstleistungserbringung in einem anderen Vertragsstaat des Europäischen Wirtschaftsraumes Bescheinigungen darüber auszustellen, dass

1. sie als „Medizinisch-technische Laboratoriumsassistentin" oder „Medizinisch-technischer Laboratoriumsassistent", „Medizinisch-technische Radiologieassistentin" oder „Medizinisch-technischer Radiologieassistent", „Medizinisch-technische Assistentin für Funktionsdiagnostik" oder „Medizinisch-technischer Assistent für Funktionsdiagnostik" oder als „Veterinärmedizinisch-technische Assistentin" oder „Veterinärmedizinisch-technischer Assistent" rechtmäßig niedergelassen sind und ihnen die Ausübung ihrer Tätigkeiten nicht, auch nicht vorübergehend, untersagt ist,

2. sie über die zur Ausübung der jeweiligen Tätigkeit erforderliche berufliche Qualifikation verfügen.

§ 1 Abs. 2 Satz 3 gilt entsprechend.

§ 10b

Die zuständigen Behörden sind berechtigt, für jede Dienstleistungserbringung von den zuständigen Behörden des Niederlassungsmitgliedstaats Informationen über die Rechtmäßigkeit der Niederlassung sowie darüber anzufordern, dass keine berufsbezogenen disziplinarischen oder strafrechtlichen Sanktionen vorliegen. Auf Anforderung der zuständigen Behörden eines Vertragsstaates des Europäischen Wirtschaftsraumes haben die zuständigen Behörden in Deutschland nach Artikel 56 der Richtlinie 2005/36/EG der anfordernden Behörde alle Informationen über die Rechtmäßigkeit der Niederlassung und die gute Führung des Dienstleisters sowie Informationen darüber, dass keine berufsbezogenen disziplinarischen oder strafrechtlichen Sanktionen vorliegen, zu übermitteln.

§ 10c

Medizinisch-technische Laboratoriumsassistentinnen oder Medizinisch-technische Laboratoriumsassistenten, Medizinisch-technische Radiologieassistentinnen oder Medizinisch-technische Radiologieassistenten, Medizinisch-technische Assistentinnen für Funktionsdiagnostik oder Medizinisch-technische Assistenten für Funktionsdiagnostik oder Veterinärmedizinisch-technische Assistentinnen oder Veterinärmedizinisch-technische Assistenten im Sinne des § 10a haben beim Erbringen der Dienstleistung im Geltungsbereich dieses Gesetzes die Rechte und Pflichten von Personen mit einer Erlaubnis nach § 1 Abs. 1. Wird gegen diese Pflichten verstoßen, so hat die zuständige Behörde unverzüglich die zuständige Behörde des Niederlassungsmitgliedstaats dieses Dienstleistungserbringers hierüber zu unterrichten.

Vierter Abschnitt
Zuständigkeiten

§ 11

(1) Die Entscheidung über die Erteilung der Erlaubnis nach § 2 trifft die zuständige Behörde des Landes, in dem der Antragsteller die Prüfung abgelegt hat.

(2) Die Entscheidung über die Anrechnung einer Ausbildung nach § 7 trifft die zuständige Behörde des Landes, in dem der Antragsteller an der Ausbildung teilnehmen will oder teilnimmt.

(3) Die Meldung nach § 10a Abs. 2 und 3 nimmt die zuständige Behörde des Landes entgegen, in dem die Dienstleistung erbracht werden soll oder erbracht worden ist. Sie fordert die Informationen nach § 10b Satz 1 an. Die Informationen nach § 10b Satz 2 werden durch die zuständige Behörde des Landes übermittelt, in dem der Beruf des Medizinisch-technischen Laboratoriumsassistenten, Medizinisch-technischen Radiologieassistenten, Medizinisch-technischen Assistenten für Funktionsdiagnostik oder Veterinärmedizinisch-technischen Assistenten ausgeübt wird oder zuletzt ausgeübt worden ist. Die Unterrichtung des Herkunftsmitgliedstaats gemäß § 10c erfolgt durch die zuständige Behörde des Landes, in dem die Dienstleistung erbracht wird oder erbracht worden ist. Die Bescheinigungen nach § 10a Abs. 4 stellt die zuständige Behörde des Landes aus, in dem der Antragsteller den Beruf des Medizinisch-technischen Laboratoriumsassistenten, Medizinisch-technischen Radiologieassistenten, Medizinisch-technischen Assistenten für Funktionsdiagnostik oder Veterinärmedizinisch-technischen Assistenten ausübt.

Fünfter Abschnitt
Bußgeldvorschriften

§ 12

(1) Ordnungswidrig handelt, wer ohne Erlaubnis eine der in § 1 genannten Berufsbezeichnungen führt.

(2) Die Ordnungswidrigkeit kann mit einer Geldbuße bis zu zweitausendfünfhundert Euro geahndet werden.

Sechster Abschnitt
Übergangs- und Schlußvorschriften

§ 13

(1) Eine nach § 1 oder § 3 des Gesetzes über technische Assistenten in der Medizin vom 8. September 1971 (BGBl. I S. 1515), zuletzt geändert gemäß Artikel 15 der Verordnung vom 26. Februar 1993 (BGBl. I S. 278), erteilte Erlaubnis gilt als Erlaubnis nach § 1 Nr. 1, 2 oder § 1 Nr. 4.

(2) Eine nach den Regeln der Deutschen Demokratischen Republik erteilte Erlaubnis als "Medizinisch-technische Laborassistentin" oder "Medizinisch-technischer Laborassistent", als "Medizinisch-technische Radiologieassistentin" oder "Medizinisch-technischer Radiologieassistent" oder als "Medizinisch-technische Assistentin für Funktionsdiagnostik" oder "Medizinisch-technischer Assistent für Funktionsdiagnostik" gilt als Erlaubnis nach § 1 Nr. 1, 2 oder § 1 Nr. 3.

(3) Eine vor Inkrafttreten dieses Gesetzes begonnene Ausbildung als "Medizinisch-technische Laboratoriumsassistentin" oder "Medizinisch-technischer Laboratoriumsassistent", als "Medizinisch-technische Radiologieassistentin" oder "Medizinisch-technischer Radiologieassistent" oder als "Veterinärmedizinisch-technische Assistentin" oder "Veterinärmedizinisch-technischer Assistent" wird nach den bisher geltenden Vorschriften abgeschlossen. Nach Abschluß der Ausbildung erhält der Antragsteller, wenn die Voraussetzungen des § 2 Abs. 1 Nr. 2 und 3 vorliegen, eine Erlaubnis nach § 1 Nr. 1, 2 oder § 1 Nr. 4.

(4) Eine vor Inkrafttreten dieses Gesetzes nach den Regeln der Deutschen Demokratischen Republik begonnene Ausbildung als "Medizinisch-technische Laborassistentin" oder "Medizinisch-technischer Laborassistent, als "Medizinisch-technische Radiologieassistentin" oder "Medizinisch-technischer Radiologieassistent" oder als "Medizinisch-technische Assistentin für Funktionsdiagnostik" oder "Medizinisch-technischer Assistent für Funktionsdiagnostik" wird nach diesen Regeln abgeschlossen. Nach Abschluß dieser Ausbildung erhält der Antragsteller, wenn die Voraussetzungen des § 2 Abs. 1 Nr. 2 und 3 vorliegen, eine Erlaubnis nach § 1 Nr. 1, 2 oder § 1 Nr. 3.

(5) Wer beim Inkrafttreten dieses Gesetzes, ohne die Erlaubnis zur Führung der Berufsbezeichnung "Medizinisch-technische Assistentin für Funktionsdiagnostik" oder "Medizinisch-technischer Assistent für Funktionsdiagnostik" zu besitzen, eine mindestens zehnjährige funktionsdiagnostische Tätigkeit auf dem Gebiet der Neurologie, Audiologie, Kardiologie oder Pulmologie in einer klinischen Einrichtung nachweist, erhält auf Antrag die Erlaubnis zur Führung der Berufsbezeichnung nach § 1 Nr. 3, wenn die Voraussetzungen nach § 2 Abs. 1 Nr. 2 und 3 erfüllt sind und der Antrag innerhalb von drei Jahren nach Inkrafttreten dieses Gesetzes gestellt wird. Diese Erlaubnis erhält auf Antrag auch, wer eine neurologisch-otologische oder audiologisch-phoniatrische Ausbildung auf Grund einer landesrechtlichen Regelung nachweist und beim Inkrafttreten dieses Gesetzes mindestens fünf Jahre auf den Gebieten der Neuro-Otologie oder Audiologie-Phoniatrie in einer klinischen Einrichtung berufstätig war.

(6) Wer beim Inkrafttreten dieses Gesetzes eine mindestens dreijährige funktionsdiagnostische Tätigkeit auf dem Gebiet der Neurologie, Audiologie, Kardiologie oder Pulmologie in einer klinischen Einrichtung nachweist, erhält auf Antrag die Erlaubnis zur Führung der Berufsbezeichnung "Medizinisch-technische Assistentin für Funktionsdiagnostik" oder "Medizinisch-technischer Assistent für Funktionsdiagnostik", wenn er die staatliche Prüfung innerhalb von fünf Jahren nach Inkrafttreten dieses Gesetzes ablegt und die Voraussetzungen des § 2 Abs. 1 Nr. 2 und 3 erfüllt sind.

(7) Wer eine nach den Regeln der Deutschen Demokratischen Republik abgeschlossene Ausbildung zum "Veterinäringenieur für Labordiagnostik" nachweist, erhält auf Antrag eine Erlaubnis zur Führung der Berufsbezeichnung nach § 1 Nr. 4, wenn die Voraussetzungen des § 2 Abs. 1 Nr. 2 und 3 erfüllt sind.

(8) "Medizinisch-technische Gehilfinnen" oder "Medizinisch-technische Gehilfen", die eine Erlaubnis nach § 16 des in Absatz 1 genannten Gesetzes besitzen, dürfen diese Berufsbezeichnung weiterführen.

(9)

§ 14

Schulen, die technische Assistenten in der Medizin ausbilden und vor Inkrafttreten dieses Gesetzes die staatliche Anerkennung erhalten haben, gelten weiterhin als staatlich anerkannt nach § 4, sofern die Anerkennung nicht zurückgenommen wird.

§ 15

(1) Dieses Gesetz tritt mit Ausnahme des § 8 am 1. Januar 1994 in Kraft.
(2) § 8 tritt am Tage nach der Verkündung in Kraft.

Lightning Source UK Ltd.
Milton Keynes UK
UKRC010234220920
370300UK00005B/46